LA SÉQUESTRATION
DE THÉOTISTE COVAREL
ET
LE VOL D'UN ÉVÊCHÉ DE FRANCE
EN PLEIN DIX-NEUVIÈME SIÈCLE

MÉMOIRE CONSULTATIF RÉDIGÉ

PAR

M. B. DAYMONAZ

Avocat au tribunal civil de Saint-Jean-de-Maurienne (Savoie).

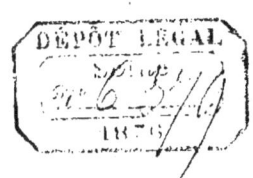

A PARIS	A ST-JEAN-DE-MAURIENNE
CHEZ	(*SAVOIE*)
BERTIN, ÉDITEUR	CHEZ
212, rue St-Jacques.	L'AUTEUR

MAI 1876

LA

SÉQUESTRATION DE THÉOTISTE COVAREL

ET

LE VOL D'UN ÉVÊCHÉ DE FRANCE

Il y a dix-neuf mois, *quelqu'un* méditait l'annexion du diocèse de Maurienne au diocèse de Chambéry.

Il s'ouvrit de ce dessein à un personnage de Saint-Jean-de-Maurienne que sa profession libérale, sa position officielle auraient dû tenir éloigné de cette intrigue.

Celui-ci s'assura du concours de personnes connues comme étant hostiles à l'administration épiscopale. Encouragés par des influences venues du dehors, ils fomentèrent le mécontentement sous des prétextes divers. L'ineptie des uns, la faiblesse des autres, la perversité de plusieurs furent habilement exploitées. La vérité fut altérée ; l'autorité supérieure, tant religieuse que civile, circonvenue, induite en erreur, indignement trompée. Les cinq ou six menteurs, y compris leur chef, qui n'appartient point à l'arrondissement, avaient pour premier objectif de rendre vacant le siége épiscopal de Saint-Jean-de-Maurienne. Il est occupé depuis trente-six ans par un vieillard doux, aimable, intelligent, savant et pieux, que la pureté de sa doctrine et ses vertus placent au rang des évêques les plus vénérables.

On se demande comment, en plein dix-neuvième siècle, en France, un semblable projet a pu germer dans l'esprit d'hommes qui, par leur position sociale, devraient avoir une tout autre préoccupation. Quelque insensé que paraisse le plan, il a été suivi et, jusqu'à ce jour, exécuté avec une chance incroyable. La spoliation est en voie d'accomplissement. Ils se croient presque au Capitole. Cependant un point noir, gros de tempêtes, est déjà signalé à l'horizon. Les affidés secondaires, qui se croyaient seuls à partager entre eux la dépouille désirée, viennent d'être informés, non sans stupéfaction, que leur grand chef, qui se tient prudemment dans l'ombre, songe à les frustrer de leurs espérances. Des indiscrétions de députés apprennent en effet au public que, dès le commencement d'avril, M. Paul Bert, député radical de l'Yonne (notez ce détail, il recèle un indice très-important), a été chargé de déposer à la Commission du budget une proposition ainsi conçue :

« Il ne sera pas pourvu au remplacement de l'évêque de
« Saint-Jean-de-Maurienne. Les dépenses à la charge de
« l'État, relatives à cet évêché, seront supprimées. »

La conséquence, naturelle et voulue, serait l'annexion du diocèse de Maurienne au diocèse de Chambéry, principalement...

M. l'abbé Cloquet, vicaire général de Mgr Vibert, évêque de Maurienne, éleva le premier la voix pour protester contre cette tentative de vol inouïe. Il montra brièvement dans l'*Univers*, n° du 8 mai, les obstacles naturels, canoniques et légaux qui s'opposent, en pays civilisé, à cet acte sans nom. Il fit une semblable observation dans la *République française* qui, la première, avait publié cet amendement (1).

---

(1) L'*Univers*, n° du 8 mai :

« 5 mai.

Monsieur le rédacteur,

Vous avez extrait de la *République française* le texte d'un projet d'amendement proposé par M. Paul Bert, et dont ce député aurait saisi la commission du budget :

« Il ne sera pas pourvu au remplacement de l'évêque de Saint-Jean-de-Mau-
« rienne. Les dépenses à la charge de l'État, relatives à cet évêché, sont suppri-
« mées. »

Il est de mon devoir de réclamer.

L'évêché de Saint-Jean-de-Maurienne n'est pas vacant ; son titulaire, Mgr Vibert, n'est pas mort ; il n'a pas été déposé ni mérité de l'être ; il n'est pas dans l'intention de donner sa démission.

Par conséquent, il n'y a pas lieu que M. Paul Bert fasse à la Chambre une proposition de la nature de celle qu'on lui attribue.

Quelques jours après, le 15 mai, Mgr l'évêque de Tarentaise fut amené, par une circonstance providentielle, à affirmer dans le même journal que « demander, en ce moment sur-
« tout, la suppression d'un évêché, ce serait une très-grave faute
« politique. Soyez persuadé, dit-il, que les représentants de la

Si, à cette époque troublée, le gouvernement commettait la faute de la prendre en considération, il se donnerait un tort grave aux yeux de la France religieuse.

Veuillez agréer, etc.

CLOQUET,
chanoine, vicaire général de Mgr Vibert, évêque de
Saint-Jean-de-Maurienne (Savoie). »

Voici la lettre qui fut adressée à la *République française*, le 8 mai :

« Monsieur le rédacteur,

Vous attribuez à M. Paul Bert un projet d'amendement ainsi conçu : « Il ne sera pas pourvu au remplacement de l'évêque de Saint-Jean-de-Maurienne. Les dépenses à la charge de l'État, relatives à cet évêché, sont supprimées. »

M. Paul Bert, en se faisant l'instrument d'une intrigue tendant à déposséder de son siège épiscopal le vénérable évêque de Saint-Jean-de-Maurienne, âgé de 76 ans, ignore sans doute les obstacles à la réalisation de ce dessein.

L'évêché de Saint-Jean-de-Maurienne n'est pas vacant ; son titulaire y résidait encore au commencement de ce mois et n'est pas mort depuis ; il a été inquiété par suite de menées ambitieuses et ténébreuses, mais il n'est point déposé ; il ne mérite point cette peine. Il n'a point donné sa démission, et ne songe pas même à se démettre.

L'annexion projetée, à la manière piémontaise, ne paraît donc pas près d'être réalisée et de devenir un fait accompli.

Par conséquent, M. Paul Bert a été mal inspiré dans son projet d'économie.

Si son zèle est sincère, je puis lui signaler dans le même département un sujet plus réel d'économie pour l'État et plus digne de son intérêt.

Le 13 juin 1875, on a fait enlever de force, la nuit, chez sa maîtresse, une vertueuse servante. On l'a transférée de Saint-Jean-de-Maurienne à Chambéry et jetée, sans autre procédure, dans une maison de folles, où elle végète encore, malgré les réclamations de sa famille, de sa mère surtout qui n'a pu la revoir avant de mourir. Le conseil municipal de Saint-Jean-de-Maurienne, où demeurait cette servante, ainsi que le conseil municipal de Fontcouverte (Savoie), son pays natal, se sont refusés de faire les frais de son séjour dans cette maison d'aliénés, publiant hautement qu'elle n'est point folle et qu'elle n'a jamais été folle. C'est la vérité ; trois mille personnes peuvent l'attester. De plus, le conseil municipal de Fontcouverte a réclamé, à l'unanimité de ses membres, contre cette séquestration incroyable, en plein dix-neuvième siècle, en France.

Or, elle est nourrie aux frais de l'État, sans droit, contre son gré, contre la volonté de sa maîtresse, malgré les protestations de sa famille et en dépit de l'indignation des honnêtes gens.

« Savoie qui solliciteraient cette suppression ou qui ne s'y oppo-
« seraient pas de toute leur influence soulèveraient contre eux
« la légitime indignation des populations de ce pays, qu'une pa-
« reille décision atteindrait douloureusement au point de vue
« des intérêts religieux et au point de vue des intérêts maté-
« riels (1). »

Enfin, le même jour et dans le journal l'*Univers*, paraissait une lettre de M. Horteur, député de l'arrondissement de Maurienne. Dans cette lettre, adressée à M. Paul Bert, M. Horteur disait :

« Votre proposition m'a péniblement surpris et a produit une
« fâcheuse impression dans mon pays. J'ai quitté Versailles le

Voilà un beau sujet d'interpellation à la Chambre des députés pour M. Paul Bert. Ce bon républicain, j'ose l'espérer, se montrera jaloux de défendre, avec le budget de l'État, la liberté individuelle d'une enfant du peuple qui est torturée physiquement et moralement dans cette maison de désespoir pour une personne qui, comme l'humble Théotiste Covarel dont je parle, n'est point folle.

Veuillez agréer, etc.

Le chanoine CLOQUET,
vicaire général de Mgr Vibert, évêque
de Saint-Jean-de-Maurienne (Savoie). »

(1) Si nous pénétrons bien le sens de cette déclaration, Mgr l'évêque de Tarentaise serait dans la disposition de refuser n'importe quelle portion du diocèse de Maurienne qui lui serait offerte.

On nous communique une note qui ne manque point d'à-propos. Elle est extraite de la Constitution : *Apostolicæ Sedis*.

Excommunicationes LATÆ SENTENTIÆ *speciali modo Romano Pontifici reservatæ subjacere declaramus:*

Omnes *interficientes, mutilantes, percutientes, capientes, carcerantes, detinentes, vel hostiliter insequentes* S. R. C. Cardinales, Patriarchas, Archiepiscopos, *Episcopos, Sedisque apostolicæ Legatos, vel Nuncios, aut ex suis diœcesibus, territoriis, terris seu dominiis ejicientes, nec non ea mandantes, vel rata habentes, seu præstantes in eis auxilium, consilium, vel favorem.*

VI.

Impedientes directe vel indirecte exercitium jurisdictionis ecclesiasticæ sive interni, sive externi fori, et ad hoc recurrentes ad forum sæculare ejusque mandata procurantes, edentes, aut auxilium, consilium vel favorem præstantes.

VII.

Cogentes sive directe, sive indirecte judices laïcos ad suum tribunal personnas ecclesiasticas præter canonicas dispositiones ; item edentes leges vel decreta contra libertatem aut jura Ecclesiæ.

« *13 avril*, ignorant le dépôt de votre amendement. Du moment
« que vous aviez l'intention de le déposer, il eût été bien de
« m'en informer. Car mon devoir eût été *de protester* de suite,
« comme je le fais aujourd'hui, *au nom de tous mes compatriotes*,
« à quelque parti qu'ils appartiennent, contre une proposition
« telle que, si elle était adoptée par l'Assemblée, vous auriez,
« bien involontairement, je le sais, causé à mon arrondissement
« *un préjudice des plus graves.* »

Que le grand meneur et ses complices méditent ces paroles, qui accusent leur patriotisme autant que leur religion !

Quel fut donc le prétexte choisi pour commencer d'abord une guerre sourde, puis ouverte, contre l'évêque actuel de Saint-Jean-de-Maurienne, pour faire surgir la grosse question de son départ forcé, pour motiver la suppression de son évêché, pour faire porter à la Chambre des députés la motion de l'annexion, à la façon piémontaise, du diocèse de Saint-Jean-de-Maurienne au diocèse de Chambéry ?

On imagina d'accabler l'évêque sous le ridicule. Un libelle, qui a été condamné, lui reprocha d'écouter et défendre une humble servante, de croire à sa piété, à ses vertus et aux grâces extraordinaires dont elle est favorisée.

On imagina donc de faire passer la pieuse Théotiste Covarel pour une *folle*.

La conséquence que, d'après le plan ourdi, on devait faire sortir de cet incident d'ailleurs insignifiant, fût-il vrai, conséquence que la cabale se chargea de grossir et d'exploiter, était celle-ci : Faire passer l'évêque pour incapable ou inepte.

Avec de l'habileté, se disaient-ils, il sera facile d'obtenir : à Rome, l'interdiction de l'évêque ; puis la suppression de l'évêché de Maurienne par le moyen des députés radicaux français, qui en feront la demande à la Chambre ; enfin l'annexion (ainsi pensait le chef), le partage de la proie (ainsi l'espéraient ses affidés).

La séquestration de Théotiste Covarel fut donc un des principaux moyens projetés pour arriver à cette fin criminelle, que répudie l'évêque de Tarentaise et contre laquelle proteste, au nom de toute la Savoie, M. le député Horteur.

C'est contre ce crime surtout que je viens élever la voix ; c'est contre la séquestration de l'humble Théotiste Covarel, que, défenseur choisi par sa famille, je viens protester en révélant les détails odieux de cette trame. Quiconque m'aura lu attentivement, s'il est honnête homme, se joindra à moi pour protester avec l'accent d'une juste indignation, au nom de l'honneur, au nom de la liberté individuelle, au nom de la justice, au nom de l'humanité. Il demandera avec moi la cessation de ce forfait, qui dure depuis près d'un an. Nous obtiendrons, espérons-le, que l'outrage fait à une innocente fille et à sa famille ait une fin et que le trouble jeté au milieu d'une population paisible ait un terme.

.·.

Le 13 juin 1875, madame veuve Sambuis était mandée à la sous-préfecture de Saint-Jean-de-Maurienne, ainsi que Théotiste Covarel, sa domestique. Le sous-préfet lui enjoignait d'avoir à laisser celle-ci dans ses bureaux. Il avait, affirmait-il, reçu ordre de la faire partir pour Chambéry, le lendemain, par le train de 1 heure 54 minutes du matin.

Madame Sambuis ne put momentanément reconduire sa domestique chez elle que sur sa parole d'honneur, et sur celle d'une tierce personne, qu'elle ne soustrairait pas Théotiste Covarel à la *mesure administrative*. La gendarmerie, la police, depuis ce moment, surveillèrent cette pauvre servante et la maison de sa maîtresse.

Informé de ce qui venait de se passer, je me rendis à la sous-préfecture, accompagné de madame Sambuis, pour y demander comme avocat des explications légales sur la *cause* et le *but* de cette *mesure administrative*. M. le sous-préfet me répondit avec le plus grand sang-froid *que je devais savoir qu'en matière administrative on ne procédait pas comme en voie judiciaire*.

Peu convaincu par cette réponse, je priai respectueusement M. le sous-préfet de nous donner communication ou lecture de la dépêche préfectorale ordonnant le départ précipité d'une servante. M. le sous-préfet répondit avec la meilleure assurance que *rien ne l'obligeait à communiquer le texte des ordres qu'il recevait... que sa mission était de les exécuter...*

J'insistai. Madame Gensoul, épouse de M. le sous-préfet, intervint alors dans la discussion :

— *Nous n'avons reçu que l'ordre de faire partir Théotiste,* dit-elle.

On le voit, à la sous-préfecture de Saint-Jean-de-Maurienne, on était loin de *procéder comme en matière administrative*.

J'insistai encore, non plus pour avoir communication de l'arrêté préfectoral, mais pour qu'on nous dît ce qu'on voulait faire de Théotiste à Chambéry.

M. le sous-préfet daigna alors nous déclarer *que Théotiste Covarel était appelée à Chambéry pour y être mise dans un couvent; qu'on espérait que le changement d'air et les soins qui lui seraient prodigués amèneraient un changement dans ses souffrances; qu'elle serait reçue le lendemain matin, à 4 heures, à la gare de Chambéry, par quatre religieuses qui l'accompagneraient ensuite dans le couvent où elle était attendue.*

Madame Sambuis demanda *dans quel couvent on voulait conduire sa domestique.*

M. le sous-préfet répondit hardiment : *Oh! ça, je ne le sais pas.* Madame Gensoul regarda son mari d'un air satisfait.

Nous crûmes un instant aux déclarations de M. le sous-préfet. Néanmoins, par sa *manière de procéder en matière administrative*, il venait de violer des *lois positives*.

Madame Sambuis fut autorisée à accompagner sa domestique jusqu'à Chambéry. Le départ s'effectua au milieu de la nuit, selon les volontés de M. le sous-préfet.

A la gare de Chambéry, au lieu des religieuses annoncées, le secrétaire général de la préfecture se présenta pour recevoir Théotiste Covarel et sa maîtresse.

Avec une politesse affectée, ce fonctionnaire pria les voyageuses de monter en voiture. Vingt minutes après, elles descendaient dans la cour de *l'asile des aliénés* de Bassens : Théotiste Covarel, pour être immédiatement internée et jetée au milieu des folles; et sa maîtresse, pour reprendre *à son aise* la route de Chambéry.

Tout le monde sait ce qui est prescrit en pareilles circonstances. La loi de 1838 trace des règles précises, contient des dispositions formelles dont il n'est jamais permis de s'écarter. Or, la séquestration comme l'internement de Théotiste Covarel se sont accomplis au mépris formel et flagrant de cette loi. Il n'y eut ni enquête sur les prétendus faits de folie, ni avis donné aux parents ou maîtres responsables, ni certificat de médecin constatant le danger réel, immédiat pour l'ordre public ou la sûreté des personnes. Rien de ce que prescrit la loi n'a été observé. Les convenances même les plus vulgaires ont été foulées aux pieds.

Cela se comprend : Théotiste Covarel n'est pas folle ; mais on voulait et on veut encore briser une situation honorable. On a cru que le moyen le plus radical pour cela était d'emprisonner cette fille au milieu des fous.... De gens qui agissent de la sorte on ne doit attendre ni équité, ni convenances, ni pitié. La famille Covarel (qui n'a jamais été, non plus que le maire de la commune de Fontcouverte, officiellement avisée ainsi que le prescrit l'article 22 de la loi) sentit bien vite l'odieux d'un pareil outrage. L'un de ses membres vint me prier, au nom de toute la famille, de travailler immédiatement à faire retirer une mesure si arbitraire, si injuste, si humiliante (1).

Le samedi suivant, 19 juin, je me rendis, accompagné de madame Sambuis, auprès de M. le secrétaire général, à la préfecture de Chambéry. Nous en obtînmes une lettre pour M. le docteur Fusier, directeur de l'asile des aliénés de Bassens, situé à un kilomètre du chef-lieu du département.

M. Fusier parut surtout contrarié de la présence de l'avocat témoin de sa visite à Théotiste Covarel, à Saint-Jean-de-Maurienne, huit jours auparavant. Il ne crut pas pouvoir prendre *sur sa responsabilité* d'accorder à Théotiste une entrevue de quelques instants avec sa maîtresse !...

Mon rôle devint actif dès ce moment ; j'eus une entrevue avec le secrétaire général le lundi 21 juin : je lui déclarai que j'étais

---

(1) L'éminent jurisconsulte Demolombe dit, en effet, dans son Commentaire sur la loi de 1838 : « On doit se souvenir, toutefois, que les placements forcés
« ne sont autorisés qu'afin de garantir de tout péril l'ordre public et la sûreté
« des personnes, et que, lorsque toutes les précautions nécessaires à cet effet
« sont prises par la famille elle-même, il est convenable de lui laisser accomplir
« la douloureuse et respectable mission, qu'elle revendique, de soigner elle-
« même l'aliéné. » (Vol. de la Minorité, n° 193.)

à Chambéry pour réclamer, au nom de la famille Covarel, la mise en liberté immédiate de Théotiste, qui n'était pas folle et dont la conduite n'avait jamais présenté le moindre danger pour l'ordre public ou pour la sûreté des personnes. Je donnai lecture à M. le secrétaire général du texte d'une requête motivée que j'étais d'avis de faire présenter dès le lendemain, par le ministère d'un avoué, à MM. les président et juges du tribunal de Chambéry, me conformant en cela à la procédure très-vicieuse de la loi de 1838. Je lui donnai également lecture d'un certificat du docteur Moltard, de Saint-Jean-de-Maurienne, en date du 17 juin, par lequel ce médecin déclarait qu'ayant vu, visité et interrogé longuement Théotiste Covarel, à plusieurs reprises, il avait constaté qu'elle n'était atteinte d'aucune espèce de folie. Je présentai d'autres observations, tant dans l'intérêt de la famille qu'au point de vue de la *situation spéciale* que cette *mesure administrative* avait surtout pour but de compromettre. M. le secrétaire général me fit observer tout d'abord que le certificat du docteur Moltard ne serait pas pris en considération ; il me fit comprendre que ma requête n'aboutirait pas... Voyant mon étonnement, il me déclara que la préfecture n'avait pris aucune initiative dans cette affaire ; que, s'il avait été spécialement chargé par M. le préfet de la suivre, sa responsabilité était entièrement couverte par M. le ministre de l'intérieur, par M. le procureur général et par *S. G. Mgr l'archevêque de Chambéry.*

— Mais il est donc bien puissant, ai-je répliqué, ce M. G... que vous connaissez, puisqu'il a de tels moyens à son service ?

— Oh ! vous vous trompez, me fut-il répondu ; ce n'est pas lui qui a agi auprès de nous dans cette affaire : il n'aurait rien pu par lui-même, car nous le connaissons assez... il lui a été signifié de ne plus reparaître dans mes bureaux. Le plus terrible ennemi, celui qui a tout fait, c'est le maire actuel de Saint-Jean-de-Maurienne. Sans lui nous n'aurions pas bougé.

J'apprenais officiellement ce dont j'étais déjà moralement certain.

— Et le docteur Fusier, ai-je poursuivi, que dit-il de Théotiste dans son rapport (1) ?

(1) L'aliéniste Fusier avait été délégué par la préfecture pour venir à Saint-Jean-de-Maurienne afin de visiter et interroger Théotiste Covarel. Il s'acquitta de sa

M. le secrétaire général mit alors sous mes yeux le rapport que, comme expert officiellement délégué, M. l'aliéniste Fusier a eu le courage d'écrire. Je lus cette pièce. M. le secrétaire général put voir que je ne fus pas convaincu. Je place ici les réflexions que me suggéra la lecture de ce document officiel. Je dis que ce rapport est un crime de la part de son auteur. La science est fille de la vérité : la faire servir à de méchantes passions, c'est la prostituer ; la faire mentir, c'est un abus impardonnable ; se servir de son langage pour certifier chez une vertueuse fille l'existence des appétits les plus déréglés, c'est être plus coupable que de ravir brutalement et avec violence l'honneur à une fille mineure.

Ce rapport n'est pas l'expression de la vérité ; jamais son auteur n'osera le produire au grand jour ; que dis-je ? l'auteur lui-même en a fait justice, comme je le démontrerai tout à l'heure.

M. le secrétaire général était convaincu comme moi que Théotiste n'était nullement folle. Des *arguments scientifiques* du rapport Fusier, il ne s'en prévalait jamais ; cette pièce était au dossier pour la forme, voilà tout. Le point capital, essentiel de la mesure administrative étant, prétendait-on, *de soustraire cette fille aux influences qu'elle subissait à Saint-Jean-de-Maurienne*, nous prîmes une résolution : il fut convenu avec M. le secrétaire général que je m'occuperais de chercher une maison quelconque (religieuse ou particulière), à Chambéry, qui consentirait à recevoir Théotiste en prenant l'engagement de ne pas la laisser communiquer avec Saint-Jean-de-Maurienne et de la tenir à la disposition de la préfecture. Cette combinaison n'était pas ce que je désirais, et surtout elle n'était pas la justification que méritait Théotiste ; mais, vu la situation, elle était un pis-aller qui devenait acceptable. Il résultait de cette convention tout d'abord que Théotiste, aux yeux mêmes de la préfecture et malgré le rapport Fusier, n'était ni folle ni hystéromaniaque.

commission le vendredi 11 juin au soir. J'ai assisté à cette visite, qui était contre le droit. Chef de l'établissement, il ne pouvait être juge et auteur de l'internement de Théotiste à Bassens.

De notre part, l'acceptation de cette combinaison établissait que, dans l'intérêt de la vérité, et pour faire le jour complet sur toutes choses, nous étions prêts, pour un temps au moins, à accepter des épreuves convenables et dignes.

Mais cette combinaison n'était qu'un leurre ; il n'y fut point donné suite.

Je ne retournai plus à la préfecture ; j'avais appris assez de choses ; je savais ce qu'il fallait attendre des hommes dans la situation qui nous était faite par *nos ennemis* de Chambéry et de Saint-Jean-de-Maurienne. D'ailleurs, la prudence conseillait de ne pas nous exposer à aggraver une situation entourée des plus grands écueils.

Je résolus alors d'éclairer l'opinion en livrant à la publicité un opuscule que je fis paraître à Lyon deux mois après l'internement de Théotiste. Cet opuscule, sorti de l'imprimerie Pélagaud, est intitulé : *Lettre d'un croyant à ses amis*, etc.

L'avant-propos de cet opuscule résume à grands traits l'histoire de la séquestration et de l'internement de Théotiste, qu'il est devenu nécessaire de compléter aujourd'hui.

La famille Covarel, informée de l'inutilité de nos démarches, adressa, à la date du 25 juillet, une supplique à M. le préfet de la Savoie, signée par tous les membres de la famille et appuyée par le conseil municipal de Fontcouverte. Clément Covarel, frère de l'internée, part pour Chambéry, fait remettre la supplique à M. le préfet, demande et obtient l'autorisation d'aller voir sa sœur. Il a avec elle une courte entrevue sous la surveillance de religieuses de l'établissement. Admis ensuite à parler au docteur Fusier, il lui réclame sa sœur en lui disant *qu'elle n'est pas folle, qu'il doit savoir qu'elle n'a jamais donné lieu de la faire vivre avec les fous.*

Le docteur Fusier déclara alors à Clément Covarel *qu'en effet sa sœur n'était pas folle, mais qu'elle était là à cause du tumulte qu'il y avait dans Saint-Jean.* (Il n'y avait point de tumulte.)

Il ajouta que *Théotiste resterait à Bassens jusqu'à ce qu'elle dit la vérité ; qu'il avait déjà constaté qu'elle était menteuse, qu'il lui ferait bien avouer tout*, etc.

Clément Covarel est prêt à affirmer par serment l'exactitude de ces paroles du docteur Fusier.

Pour congédier Clément Covarel, le docteur Fusier lui dit : *Quand j'en recevrai l'ordre de la préfecture, je la ferai sortir, votre sœur.*

Pour se débarrasser de Clément Covarel, M. le secrétaire général lui disait : *Quand le médecin déclarera votre sœur guérie, elle sortira.*

Pour couvrir toutes ces méchancetés, M. le préfet de la Savoie adressait gravement à la mère de Théotiste, morte depuis sans avoir eu la consolation de revoir sa fille, la dépêche suivante :

PRÉFECTURE DE LA SAVOIE.

« Chambéry, 28 juillet 1875.

« Madame, vous m'avez adressé le 25 de ce mois une péti-
« tion tendant à obtenir le renvoi, de l'asile de Bassens, de votre
« fille Théotiste, internée dans cet établissement.

« Je dois vous faire observer d'abord que la séquestration de
« cette fille n'a eu lieu qu'après le plus strict accomplissement
« des formalités exigées par la loi, notamment la production de
« *certificats de médecins* constatant qu'il y avait nécessité de la
« faire traiter *immédiatement* à l'asile de Bassens dans un inté-
« rêt *d'ordre public.*

« Dans ces conditions, son maintien à l'asile sera nécessaire
« tant qu'il n'y aura pas dans sa situation une amélioration sen-
« sible et suffisante pour permettre, sans danger pour la tran-
« quillité de la contrée, son séjour dans sa famille. Le médecin
« de l'asile, récemment consulté, a bien constaté chez elle une
« certaine amélioration, mais ne saurait déjà proposer sa sor-
« tie, et il n'est pas dès lors possible de la prononcer.

« Si la famille, qui réclame cette sortie dans des termes d'ail-
« leurs peu convenables, croit devoir insister, elle peut, comme
« l'indique la loi, s'adresser à l'autorité judiciaire.

« Recevez, madame, mes sincères salutations.

« Le Préfet de la Savoie,

« Marquis DE FOURNÈS. »

'Les paroles par lesquelles M. le secrétaire général et M. le directeur Fusier congédiaient Clément Covarel, le 26 juillet, donnent le sens vrai de la dépêche préfectorale du 28 du même mois. M. le préfet veut se mettre à l'aise et y mettre son monde. Pour cela, il trace quelques lignes en langage officiel; il s'impatiente des importunités de la famille Covarel, et la renvoie à l'autorité judiciaire.

Nous verrons tout à l'heure comment la ville de Saint-Jean-de-Maurienne, par l'organe de son conseil municipal, apprécie *la nécessité* qu'il y avait de faire *traiter immédiatement* Théotiste à l'asile de Bassens, dans un intérêt d'ordre public. — Pour M. le préfet, c'est la *tranquillité de la contrée qui serait troublée* si Théotiste rentrait dans sa famille; c'est-à-dire dans un petit village au sommet d'une montagne. — Ici M. le préfet en dit trop, il se démasque. S'il était encore au pouvoir, nous le prierions instamment de nous décliner les *noms et qualités des habitants de la contrée* dont la tranquillité a été mise en danger par les *souffrances* de Théotiste Covarel. Puisque M. de Fournès n'est plus là pour nous répondre, nous adjurons tous les *habitants de la contrée*, quelle que soit leur qualité, quel que soit leur domicile, de nous dire quel jour, à quelle heure, dans quelle circonstance, les *souffrances* de Théotiste ont troublé leur *tranquillité*. — Un imprudent a bien dit un jour qu'ils y étaient *soixante* qui avaient fait enlever cette fille ; je tiens ce chiffre pour exagéré, mais admettons-le ; qu'est-ce que soixante individualités qui se cachent sur les soixante-dix mille personnes habitant *la contrée?* — Et sur ces *soixante peureux*, combien y en a-t-il ayant domicile et résidence à Saint-Jean-de-Maurienne ? Je gage qu'il n'y en a pas plus de cinq..., sur ces cinq pas un n'osera se lever et dire publiquement que la dépêche préfectorale est l'expression de la vérité. — Les cinq, malgré les victoires plus apparentes que réelles qu'ils s'imaginent avoir remportées sur un autre théâtre, frémiront en lisant ces lignes, mais aucun n'osera protester contre nos paroles et soutenir qu'ils ont eu raison de provoquer, comme ils l'ont judaïquement fait, la séquestration et l'internement de Théotiste.

M. le préfet termine sa dépêche en arguant contre les termes de la pétition ; passe pour cela : nos campagnards ne sont peut-être pas aussi versés que M. le préfet dans l'*art de bien dire;* mais en revanche, ils disent crûment la vérité et connaissent les principes de justice et d'équité.

Quant à la voie judiciaire, dès le lendemain de l'internement, la famille Covarel avait songé à la suivre ; mais les explications catégoriques de M. le secrétaire général, dans son audience du 21 juin, nous y ont fait renoncer. Quand on est en face des agents du pouvoir exécutif, qu'il s'agirait d'attaquer corps à corps ; quant la loi de 1838 proscrit, sur la matière, toute espèce de discussion, de débat, il n'est pas de jurisconsulte éclairé, expérimenté, qui ne conseille la prudence. — Du reste, l'article 29 de la loi de 1838 ne peut pas régir le cas dont s'agit. Voici, en effet, ce que dit Demolombe :

« Le tribunal compétent est celui du lieu de la situation de
« l'établissement. — On pourrait objecter, qu'en principe, le
« tribunal du domicile de la personne devrait être saisi d'une
« question qui touche à son état civil, et que ce tribunal, d'ail-
« leurs, serait en général plus à portée que tout autre de con-
« naître la situation de famille, les antécédents, l'état moral et
« domestique de la personne objet du procès. — Et ces objec-
« tions ont été produites en effet ; mais on ne s'y est point arrêté
« par ce motif surtout qu'on devait s'attacher à constater l'*état*
« *actuel* de la personne admise dans l'établissement, et que pour
« cela le tribunal du lieu de la situation de l'établissement
« était certainement mieux placé que tout autre. » (Vol. de la Minorité, n° 877.)

Dans le cas présent, il ne s'agit pas de constater si *oui* ou *non* Théotiste est actuellement folle ; il s'agit de constater si elle l'était réellement à l'heure où elle a été signalée à M. le préfet comme *folle dangereuse*, à l'heure où M. le préfet prenait son arrêté du 12 juin, à l'heure où M. le sous-préfet de Saint-Jean-de-Maurienne opérait la séquestration et M. Fusier l'internement. — Or, à toutes ces époques, à tous ces instants et antérieurement, jamais Théotiste n'a donné le moindre signe d'aliénation mentale : un certificat du docteur Moltard (1) le

---

(1) Les déclarations faites par M. le docteur Moltard ont été consignées dans les deux délibérations du conseil municipal qu'on lira plus loin ; celles-ci nous

constate, la délibération du conseil municipal de la ville de Saint-Jean-de-Maurienne (qu'on lira plus loin) le certifie avec la même autorité. Il est donc établi aujourd'hui, par des preuves absolues *juris et de jure*, qui ne peuvent plus être contredites, que Théotiste Covarel n'était pas folle au moment de son internement, ni les jours, ni les mois, ni les années qui l'ont précédé. Il ne s'agit donc plus, comme l'insinue la dépêche préfectorale, de chercher un moyen de salut dans la loi de 1838. Le procès a un autre point de départ que l'*état* de Théotiste au moment où, par sa dépêche du 28 juillet, M. le préfet déclarait que le *maintien à l'asile sera nécessaire tant qu'il n'y aura pas dans la situation de Théotiste une amélioration sensible et suffisante pour permettre, sans danger pour la tranquillité de la contrée* (!!!), *son séjour dans sa famille*. Le procès, quand il s'agira de le faire, ne sera donc pas jugé sur simple requête, en Chambre du conseil et sans délai. Théotiste ne tombe pas sous le coup de la loi sur les aliénés.

M. le préfet n'avait plus qu'un pas à faire pour sortir *blanc comme neige* de la situation qu'il s'était faite par son arrêté du 12 juin : c'était d'obtenir du conseil municipal de Saint-Jean-de-Maurienne le vote d'un crédit sur son budget, pour les dépenses d'entretien de Théotiste Covarel à l'asile départemental de Bassens. Déjà des démarches avaient été faites dans ce même but, tant auprès des membres de la famille Covarel qu'auprès du conseil municipal de la commune de Fontcouverte, pays d'origine de Théotiste. Ayant essuyé un refus énergique dans cette partie de *la contrée*, M. le préfet, par sa lettre du 29 octobre à M. le maire de Saint-Jean-de-Maurienne, fit inviter le conseil municipal de notre ville à voter le crédit demandé pour les dépenses d'entretien de Théotiste, durant son séjour à l'asile de Bassens. Le conseil municipal fut saisi de l'affaire, dans sa séance du 15 novembre dernier. — Voici le texte de la délibération prise à ce sujet et votée à l'unanimité :

« L'an mil huit cent soixante-quinze, etc..., le conseil muni-
« cipal de la ville de Saint-Jean-de-Maurienne, convoqué en
« session ordinaire, s'est réuni à l'hôtel-de-ville. M. le maire

dispensent d'insérer ici son certificat du 1er juin 1875, par lequel ce docteur a déclaré que Théotiste Covarel n'est atteinte d'aucune espèce de folie.

« donne lecture d'une lettre, en date du 25 octobre dernier, par
« laquelle M. le préfet, etc... — Sur quoi, ouï lecture de l'arrêté
« préfectoral du 12 juin 1875, transmis à M. le maire par la lettre
« de M. le préfet, du 29 octobre dernier, et vu les dispositions
« de la loi du 30 juin 1838 ;

« Considérant que l'autorité municipale a été complétement
« étrangère à la mesure dont Théotiste Covarel a été l'objet; que
« si l'autorité supérieure a cru devoir prendre une pareille me-
« sure, c'est sans doute pour des motifs autres que ceux énon-
« cés à l'article 18 de la loi, attendu qu'il est de notoriété pu-
« blique que la folie de cette fille, s'il est vrai qu'il y ait folie,
« n'a jamais, dans aucune circonstance, présenté le moindre
« danger pour l'ordre public ni pour la sûreté des personnes ;
« d'ailleurs, M. le docteur Moltard, présent à la séance, en qua-
« lité de conseiller municipal, déclare n'avoir jamais délivré de
« certificat constatant que Théotiste Covarel fût atteinte d'aliéna-
« tion mentale, bien que cela soit énoncé dans l'arrêté préfec-
« toral du 12 juin; que dans ces conditions, la ville de Saint-
« Jean-de-Maurienne, à supposer qu'elle soit le lieu du domicile
« de secours, ne peut être tenue de concourir, en quoi que ce
« soit, aux dépenses d'entretien de cette prétendue aliénée,
« d'autant moins que l'ordre de placement n'a pas été notifié au
« maire, conformément aux prescriptions de l'article 22 de la
« loi ; que l'on a lieu d'être surpris de la façon dont il a été pro-
« cédé pour faire payer par la ville un contingent dans la dé-
« pense d'entretien, sans que le conseil municipal ait été préa-
« lablement mis en demeure de voter ce contingent :

« Le conseil municipal délibère, à l'unanimité, de s'opposer
« par tous les moyens de droit à ce que la ville de Saint-Jean-de-
« Maurienne ait à payer un contingent quelconque pour la dépense
« d'entretien de Covarel Théotiste à l'asile départemental de Bas-
« sens, alors même qu'elle aurait son domicile de secours en
« cette ville et qu'il serait justifié qu'elle se trouve dans l'impos-
« sibilité de subvenir à cette dépense, soit par elle-même soit
« par sa famille. »

Cette délibération est tout le procès de Théotiste Covarel. Elle
est sa justification. En même temps elle est la condamnation de

M. le préfet et de tous ceux qui lui ont prêté où à qui il a prêté la main. M. le préfet affirmait officiellement, par sa dépêche du 28 juillet, que la séquestration de cette fille n'a eu lieu qu'après le plus *strict accomplissement des formalités exigées par la loi*, notamment la production de certificats de médecins constatant *qu'il y avait nécessité de la faire traiter immédiatement à l'asile de Bassens, dans un intérêt d'ordre public*. Et voilà que, le 15 novembre, le conseil municipal de Saint-Jean-de-Maurienne constate lui-même qu'aucune des formalités n'a été remplie, déclare qu'il est de *notoriété publique que la folie de cette fille, s'il est vrai qu'il y ait folie, n'a jamais, dans aucune circonstance présenté le moindre danger pour l'ordre public ni pour la sûreté des personnes*. M le préfet parle de la production de certificats de médecins; son arrêté préfectoral contient ces mots: *Vu le rapport du docteur Moltard, vu le rapport du docteur Fusier*. Et voilà que le docteur Moltard déclare lui-même au sein du conseil municipal, dont il est un des membres, *que jamais il n'a délivré de certificat constatant que Théotiste Covarel fût atteinte d'aliénation mentale*. Bien plus, le docteur Moltard a déclaré, par son certificat du 17 juin, que Théotiste n'est *atteinte d'aucune espèce de folie*. Il n'y a donc pour *sauver* M. le préfet que le fameux rapport Fusier, qui n'est qu'un tissu de mensonges et dont la loi de 1838 elle-même n'autorise ni l'emploi ni la production.

Oui, la délibération municipale du 15 novembre est tout le procès de Théotiste. Tout se trouve dans ce document: enquête, attestation de médecin, notoriété publique. Si à cela on joint les réclamations réitérées faites par la famille, si on rappelle les circonstances odieuses du guet-apens à l'aide duquel on a trompé madame Sambuis pour lui enlever brutalement sa servante, si on rappelle l'indignation qu'une pareille mesure a provoquée dans notre ville, si on rappelle que l'administration a insisté pour faire partir Théotiste au milieu de la nuit..., on peut se demander comment M. le maire de Saint-Jean-de-Maurienne, M. l'ex-préfet de la Savoie et tous les autres ont pu avoir le sommeil paisible, cette nuit du 13 juin et les suivantes.— Peut-être s'endormaient-ils sur l'oreiller des quelques malheureux instigateurs qui ont su *les premiers* que l'innocente allait être sacrifiée à leurs desseins criminels. Mais ils ne dorment plus, ceux-là... Nous les voyons aller, venir, s'agiter, se chercher des partisans, des appuis, remuer ciel et terre : l'un d'eux aurait couvert d'or une déclaration de quelques lignes contre Théotiste, qu'il est allé hypocritement, mais en vain, solliciter d'une personne que nous connaissons.

Sommes-nous donc en dehors de la légitime défense, aujourd'hui, si nous déchirons le voile, si nous découvrons des plaies hideuses, si nous mettons l'opinion publique elle-même sur les traces de cette épouvantable conjuration? Pouvons-nous ne pas les dénoncer à la conscience publique, ces quelques malheureux qui ont eu assez d'habileté, d'astuce, d'hypocrisie pour tout soulever au dehors contre une pauvre fille, mais qui au milieu de nous, au centre même de leurs conspirations, n'ont jamais pu et ne pourront jamais trouver une pierre d'assise pour leur œuvre toute d'iniquité ?

Que l'on entasse tant qu'on voudra tout ce qui, de Saint-Jean-de-Maurienne à Paris, à Rome, a été dit, écrit et fait contre Théotiste Covarel ou à son occasion, jamais rien de tout cela n'infirmera l'authenticité, la véracité de la délibération du conseil municipal de Saint-Jean-de-Maurienne.

Le 15 novembre, ce conseil municipal ne se méprenait pas du tout sur la portée de *la mesure* qu'on lui demandait de consacrer par le simple vote d'un crédit sur son budget. Au lieu de le rejeter purement et simplement, il motiva son refus. Il posait ainsi les bases d'une forteresse inattaquable. Il a rempli sa mission, qui est de protester contre l'arbitraire, d'assurer, dans les limites de ses attributions, la paix du foyer, de protéger les siens contre les injustes dénonciations. — Par sa délibération du 15 novembre, le conseil municipal de la ville de Saint-Jean-de-Maurienne a rappelé son maire (qui n'est pas membre du conseil) à l'ordre et au devoir, il a voulu ouvrir les yeux à M. le préfet.

On n'a fait interner une servante que pour pouvoir renverser un évêque. La ville de Saint-Jean-de-Maurienne proteste contre cette double iniquité. Elle déclare indignes du droit de cité, elle répudie les instigateurs connus de ce crime, elle les voue au mépris, aussi bien que les exécuteurs et leurs complices.

L'ancien préfet de la Savoie ne se tint pas pour battu par la délibération municipale du 15 novembre ; sentant sa position ébranlée, il tenta un nouvel effort, le 4 mars dernier, pour obtenir du conseil municipal de Saint-Jean une nouvelle délibération. — Il s'agissait cette fois de faire supporter par la ville le quart des dépenses faites pour le départ, de Saint-Jean-de-Maurienne à l'asile des aliénés de Bassens, de la nommée Théotiste Covarel, y compris les *honoraires* et les frais de voyage de M. le docteur Fusier, chargé de constater l'état mental de cette personne, à interner chez lui.

C'est dans sa séance du 18 avril dernier que le conseil municipal de Saint-Jean-de-Maurienne fut appelé à délibérer sur cette nouvelle demande préfectorale.

Voici le texte de cette nouvelle délibération, votée comme la première à l'unanimité ; notons ici que les quatre médecins de Saint-Jean-de-Maurienne sont tous membres du conseil municipal et qu'ils ont pris part à la délibération et voté comme tous les autres :

« L'an 1876, le 18 du mois d'avril, le conseil municipal de la
« ville de Saint-Jean-de-Maurienne, convoqué en session extra-
« ordinaire, en vertu d'une autorisation de M. le sous-préfet,
« du 12 de ce mois, s'est réuni à l'hôtel-de-ville. —Présents :
« MM.... M. le maire donne connaissance au conseil d'un ar-
« rêté de M. le préfet de la Savoie, en date du 4 mars dernier,
« par lequel il a été invité à mandater, sur les fonds de la caisse
« municipale, une somme de 36 fr. 80 c., représentant le quart
« de celle de 147 fr. 20 c. acquittée par le département et à la-
« quelle se sont élevées les dépenses faites pour le transport, de
« Saint-Jean-de-Maurienne à l'asile des aliénés de Bassens,
« de la nommée Covarel Théotiste, et comprenant les honoraires
« et frais de voyage de M. le docteur Fusier, chargé de consta-
« ter l'état mental de cette personne. M. le maire déclare que,
« vu le refus opposé par le conseil municipal, suivant sa délibé-
« ration du 15 novembre 1875, à la demande de concours de
« la ville pour le payement des frais de séjour de la sus-men-

« tionnée à l'asile des aliénés, il n'a pas cru devoir mandater
« la somme réclamée de 36 fr. 80 c., pour laquelle, d'ailleurs, il
« n'existe pas de crédit au budget communal, et il appelle le
« conseil à délibérer sur le vote du crédit.

« Sur quoi, vu la délibération précitée du 15 novembre 1875
« et celle du 22 décembre suivant par laquelle le conseil muni-
« cipal, en maintenant le refus de concours motivé dans cette
« délibération, a déclaré ne point contester le dispositif de l'ar-
« rêté du conseil de préfecture du 4 dudit mois de décembre,
« fixant à Saint-Jean-de-Maurienne le lieu du domicile de
« Théotiste Covarel ;

« Vu l'arrêté préfectoral du 12 juin 1875 qui a ordonné le pla-
« cement d'office de cette personne, motivé sur ce qu'il était
« constaté par les certificats y énoncés de MM. les docteurs
« Moltard et Fusier qu'elle était atteinte d'aliénation mentale,
« présentant des dangers réels pour l'ordre public et la sûreté
« des personnes ;

« Ouï de nouveau M. le docteur Moltard, membre de l'as-
« semblée, qui proteste énergiquement contre les énonciations
« qui lui sont attribuées suivant cet arrêté, et qui soutient qu'au
« contraire Théotiste Covarel n'était point aliénée à l'époque
« de sa séquestration ni auparavant ;

« Considérant que, s'il n'appartient pas au conseil municipal
« de donner son appréciation sur l'état mental de cette fille et
« sur la mesure prise à son égard, il a au moins toutes les attri-
« butions pour constater les faits qui sont de notoriété publique;

« Qu'il est notoire, ainsi qu'il l'a déjà affirmé dans la délibé-
« ration du 15 novembre 1875, que Théotiste Covarel n'avait
« jamais troublé l'ordre public ni la sûreté des personnes :

« Par ces motifs et ceux déjà développés dans ladite délibéra-
« tion :

« Le conseil, à l'unanimité, délibère de s'opposer par tous
« les moyens de droit à ce que la ville ait à payer un contingent
« quelconque pour toutes les dépenses qui ont pu être faites au
« sujet de la séquestration de Théotiste Covarel à l'asile dépar-
« temental des aliénés, de même que pour son entretien dans
« cet établissement. »

Cette délibération, confirmant les délibérations des 15 novembre et 22 décembre 1875, est cette fois plus qu'un plaidoyer. C'est un *verdict sans appel* qui condamne et frappe les hommes cruels et sans conscience qui ont trempé dans le complot, qui ont concouru à la perpétration de ce premier crime, lequel ne fut qu'un acheminement vers un autre, non moins monstrueux, que j'ai expliqué au commencement de ce mémoire.

Si l'heure de la justice humaine s'est fait attendre, l'heure de la justice divine sonnera bientôt, je l'espère. Je hâte cependant de mes vœux la première : car, je le sais, la victime gémit, souffre horriblement.

J'arrête ici ma plume indignée. Si elle a fait appel à la conscience publique, ce n'est qu'après que tous les moyens amiables et de conciliation ont été épuisés et que nous avons vu l'iniquité triomphante dans Saint-Jean-de-Maurienne. En février, une démarche fut faite auprès de M. le préfet. Un moment, on a cru au succès : car, dans cette circonstance, M. de Fournès avait, par trois fois, fait la promesse de délivrer Théotiste Covarel, que, par conséquent, il savait bien n'être point folle. Le moyen fut convenu ; la pièce demandée fut fournie. Ce gentilhomme ne tint pas sa parole... Nous avons vu que, le 4 mars, il mendiait de nouveau la ratification de son acte arbitraire à la ville de Saint-Jean, qui lui a répondu par un nouveau refus, le 18 avril. Quelques jours après, il était destitué : premier châtiment providentiel.

Au commencement du mois d'avril, une lettre motivée des plus pressantes fut adressée au maire de Saint-Jean-de-Maurienne. Il y était adjuré par tout ce qu'il y a de plus sacré de faire cesser l'*injustice* dont il est le principal instrument : car au-dessus de lui il y a un moteur auquel il a servilement obéi, on le sait. Il a été dûment prévenu que, faute par lui de mettre sans délai un terme à la torture infligée à une pauvre et innocente fille, le public serait informé et appelé à juger cette conduite.

Tout a été inutile.

Je crois donc aujourd'hui remplir un devoir de conscience, faire acte d'humanité, en portant cette situation, incroyable en

France, à la connaissance de ceux qui, par leur position, par leurs fonctions, par leur influence peuvent mettre une fin aux angoisses indicibles d'une personne digne à tous égards de compassion.

Certes, si elle était princesse, on s'empresserait de la secourir, de l'arracher à ces mains... Je n'achève pas. Quoiqu'elle ne soit qu'une humble fille de la campagne, je veux croire que, dans notre France *et hors de France*, ma voix sera entendue ; que de généreux et puissants protecteurs se lèveront pour approfondir ce mystère d'iniquité et y mettre un terme enfin.

S'ils se livrent à un examen attentif, ils ne tarderont pas à reconnaître — ce que je ne puis exposer longuement ni expliquer suffisamment ici, je l'ai dit sommairement aux premières pages de ce mémoire — que la séquestration de Théotiste Covarel a un motif qui n'est pas ignoré dans la contrée, qu'il a un mobile parfaitement connu en Maurienne. Il n'est personne un peu instruite des choses de ce pays qui ne sache que cet incident misérable a été *créé*, puis habilement exploité contre un vénérable évêque ; que des méchants l'en ont rendu victime ; que leur audace astucieuse triomphe ; que, chose à peine croyable, ils en ont fait la cause principale de leur demande de suppression du diocèse de Maurienne ou plutôt de son *annexion*, et que ce fait inouï est en voie d'accomplissement...

De là, une double conclusion :

Au nom de la justice et de l'humanité, on demande *la délivrance immédiate de Théotiste Covarel;*

Au nom de l'honneur et de la probité, appel est fait à tous ceux qui en ont la puissance pour qu'*ils s'opposent à l'annexion, au vol du diocèse de Saint-Jean-de-Maurienne.*

B. DAYMONAZ, *avocat.*

Saint-Jean-de-Maurienne (Savoie), le 19 mai 1876.

www.ingramcontent.com/pod-product-compliance
Lightning Source LLC
Chambersburg PA
CBHW060600050426
42451CB00011B/2007